आकांक्ष

निकिता ए

ISBN 979-8-88641-546-9

अंतर्वस्तु

1. सुकून

आसमान में उड़ रहा था
न थे पैर ज़मीन पर
उस पतंग की लम्बी डोर
जुड़ी थी मांझे के संग
न पता कब वो उलझेगी
क्या पता कब वो सुलझेगी।

एक लम्बी डोर मेरे हाथ में
उड़ रहा वो बेचारा निश्चिन्त
उसकी दिशा थी मेरे हाथ में
आज़ाद होके भी कैद था वो।

गर्व से पकड़ी डोरी मैंने
पर न सोची उसकी मंज़िल
बस उसे उड़ता हुआ देखना चाहती
मेरी दुनिया को न गिरना था।

सिखाया था छोटे कदम लेना
न सोचा वो छलांग मारना चाहेगा
सिखाया था धीरे चलना

न सोचा वो उड़ना चाहेगा
सिखाया था सहन करना
न सोचा वो जवाब देना चाहेगा
सिखाया था यादें रखना
न सोचा ख्वाबों के साथ चलेगा।

न जानी मैंने फितरत उसकी
न बदली मैंने सोच अपनी
किन्तु उसे थामु या उड़ने दूँ
क्या थी वो डोरी मेरा डर?
क्या वो मांझा उलझ टूटा?
यादों की मोती से
ख्वाबों की माला कैसे बुनूँ?

न कभी देखा सपना उसका
न कभी सुना फैसला उसका
न कभी समझी भावना उसकी
न कभी देखी दुनिया उसकी
न थी वो डोरी मज़बूत क्या?
न था वो प्यार मज़बूत क्या?

छोड़ा उस पतंग को घूमने आसमान
न गिरने दिया उसका स्वाभिमान।
था वो मांझा मेरे संग,
क्या इससे नाम दूँ प्यार
या कम था मेरा ऐतबार?

पता चला कहानी के अंत में
खलनायक मैं थी न वो,
सीखा था मैंने पीछे देखना
सिखाया उसने आगे चलना,
खुद की जिंदगी छोड़कर
उसकी तै करने गयी थी
अब रस्तों को न नापना है
अब कदम लेना है और
मुस्कान महसूस करनी है
रहती उस आसमान परखते
कहानी का नया पन्ना लिखते।

2. पुनर्जन्म

सामने अंधेरा छाया हुआ
कानों में न कोई आवाज़
न साँसों में कोई छिप्पी गंध
न कुछ हो रहा था महसूस
मेरे दुनिया में छाया एक डर
न थी दिल में धड़कन।

एक तेज़ रोशनी पड़ी सामने
कानों में कोई अजीब आवाज़
धुए में फूलों की सुगंध,
कुछ गलत हो रहा था
दिल न धड़क रहा था।

दिमाग से सवाल किया
कोई जवाब न मिल पाया,
डर से सुलझे को उलझा रही
डर में जवाबों से सवाल कर रही,
न समझ पा रही क्या हुआ
न मान पा रही क्या होगा।

न महसूस किया सुकून मैंने
न माँ की गोदी पे सिर मेरा
न पिता के कंधे पर सिर मेरा,
तन को आराम देकर रहे वो
आँखों को दर्द क्यों सहना पड़ा,
काले रंग की न थी परछाई
सफेद का अपमान करते रहे,
साथ में थे सौ लोग खड़े
हाथ था सिर्फ दस का
अपना कब बाहर का हुआ?

सामने था एक तेज़ प्रकाश
अंदर के अँधेरे को बढ़ावा दिया
डर को दुख में बदल दिया
प्यार को सीख में बदल दिया
मुस्कान को सदैव केलिए बदल दिया,
प्यार का जवाब नवरत दे गया
लव्ज़ों से ज़्यादा मार दे गया
मोती जैसे संभाल रखे थे तब
न है नाम उन रिश्तों का अब,
मेरे उम्मीदों को दफनाया गया
मेरे शरीर को जलाया गया।

न पकड़ी थी माँ की ओढ़नी
न पहनी थी पिता की कमीज़
ये महसूस करने की आरज़ू उठी
ये महसूस करने की ज़िद उठी।

मशाल जलाके मिटाया गम मेरा,
वो नयी पर पुरानी यादें
वो रिश्ते- रिवाज़ों की डोली
पर बुझाई वो बाहरी आग
न रखना था दर्द उस धूल का
आस्मान था साफ़ वापस।

बनानी थी एक राह नयी
पुकार रहे वो मिट्टी और सितारे
न था विश्वास बाकी अब
न थी ताकत सच सुनने की
न थी ताकत सच झेलने की।

3. शीशा

मेरे पैरों को रुकना नहीं
मेरे सिर को झुकना नहीं
दिमाग ने सोचना छोड़ दिया
दिल ने धड़कना त्याग दिया
'काबिल' बनने के लिए,
काटे गए मेरे पंख
मैंने पैरों का किया उपयोग।

चुनना था एक मार्ग मुझे
एक में था मेरा सपना
दूसरे में थे उनके आग्रह,
'खुशहाली' केलिए चुना दूसरा।
थी उसमे एक अलग दुनिया,
ऊपर देखूँ तो बादल काले
सामने देखूँ तो राह टेढी
आस-पास लोग भाग रहे
न चलना मुझे साथ इनके।

इस टेढी राह की अजब कहानी —
थे सफ़ेद इमारत बहुत सारे,
उनमे एक खुला प्रदर्शन।
मैं रुकना चाहती थी,
आवाज़ उठाना चाहती थी,
पर क्या कहेंगें वो लोग?

एक में किसी मासूम का बलात्कार होना
और एक में किन्नर का अपमानित होना,
एक में किसान का जान लेना
और एक में समलैंगिक का कतिल करना,
कोई दूसरी इमारत बनाने का पैसा
किसी सफ़ेद कमीज़वाले को मिलना।

दूसरों से तारीफ़ सुनने के लिए
दूर बिछड़ना अपनों से
अगर गलती की खुद ने,
तो दूसरों पे इल्जाम क्यों?
कब्रें खोदता दूसरों की क्यों,
जब खुद का पैर हो एक में?

रो रही थी मैं अंदर
हँसी का नकाब पहना बाहर,
न मिटेगा यह निशान मेरे चेहरे से
याद दिलाएगा वो सारे लम्हे मुझे,
जिसने छीन ली मेरी खूबसूरती।

है समाज एक शीशा,
इसमे से सब कुछ नज़र आता
पर ये करते हैं अनदेखा हम
इसकी सच्ची दास्तान देखी मैंने।
न था कोई अंत उस मुकाबले का,
भूल गयी थी मैं खुद हँसना
खुश जो रखना था उनको।

न बनना आप जैसा मुझे
कदम- कदम पे उड़ना है
हांफकर ना वक्त नष्ट करना
न काटनी है मुझे यह ज़िंदगानी
जीनी है जैसे कोई बड़ी कहानी।

ऐ ज़िन्दगी,
मुझे सही राह दिखा दे।
ऐ ज़िन्दगी,
मुझे अपनी सोच बता दे।

4. लम्हें

आते हैं मुट्ठी बंद करके
सब पाना है इसमें
जाते हैं हाथ फैलाकर
सब छोड़ना है इसमें
ख्वाब छोड़कर चले गए
यादें बनाकर चल दिए।

जुड़ा एक राज़ गेहरा
जुड़ा ये लम्हों में छिप्पा
मुस्कराहट से खुशी फैलाना-
पड़ी जैसे सूरज की किरण,
आसूँ से गम लेना-
जैसे रात का कठोर अँधेरा
उम्मीद का चाँद छोड़ गया।

दुनिया में रंग अनेक
अलग हर रंग की दुनिया,
रंगों के मेल की खूबसूरती-
भावना की बरसात में

भीगे रंगों का नाचना
अनोखा ये भावनाओं का खेल।

मिट्टी के कण से
बंधी पौधों की जड़
न बिखरे कोई कली;
नदी की लहर
देती पथरों को रूप
निकालता मैल भरी आहट
गूँजता कुदरत शांत ध्वनि।

हाथ की लकीर दिखाती मंज़िल
देखना सारे नज़ारे खुद
लेना वो मोड़ खुद ही
न परख सही- गलत की तब
गलत राह न मिटाता लकीर
बस बनता एक कमज़ोर ज़ंजीर
जिसकी खनखनाहट लाता जूनून।

ख्वाबों के लव्ज़ सदैव अनंत
उनकी चाहत न भूलता आदत,
उलझा देता सीधा जवाब
यादों से झलके खुशी
लम्हें बनाते एक दास्तान।

5. सनक

एक नए जहान के अन्दर
ख़ुशी के मोह की ख़ूबसूरती
लव्ज़ों के मोती का निशान
प्यार के जादू की रेखा
हाथों के छुवन का एहसास
तेरा वही स्वरुप गेहरा
धड़कनों की वही गूँज
करूँ मैं कैद लम्हों को।

मेरे ज़ुबान की बोली
तेरे कानों ने सुन ली
मेरे तन ने जो सहा
तेरे मन ने वो देख लिया
मेरे गिरने की वो वजह
तेरे सँभालने का वो मकसद
मेरा रेंगना, चलना, दौड़ना
और तेरा मुझे उड़ा ले जाना।

खुली याद गहरी
ख्वाबों के उभरते चेहरे
मैं खोये ख्वाबों की पहेली थी
तू लम्हों की तस्वीर दिखलाया
मैं लावारिस बादल बनी
तू आवारा आस्मान से नाम लाया।

बरसात की बूंधों में छिप्पी
आँधी इस फ़ितूर की,
धरती को ख़ुशी दे गयी
मिट्टी की खुशबू बदल गयी
प्यार का अर्थ समझा गयी
कलियों से खोले रास वही।

धागों के सहारे वो प्यार
फूलों के कुछ एहसास नए
शब्दों से परे वो मासूम माला,
जज़्बात बदलते रंगों की जगह
ऐतबार लगाता लम्हों में उमंग
इबादत दिखाता वो नयी दिशा
जिसमे लगेंगे हमारे निशान।

मोती की वो किलकारी
शिखाओं में जो थम सी गयी
पत्तों के बदले, चिपक सी गयी

चांदनी की चमक बोल गयी
मेरे बेपनाह ख्वाब ओस बने
तेरे नाम में बांध गए।

प्रेम की आहट सुन लेना
सोच का गुल मचाना -
उसकी ध्वनि की फरमायिश जानना
दीवानगी में फिर से खो जाना
नींद में तारे गिनना संग तेरे।

6. अनुभव

फूलों ने न पहचानी वो खुशबू
रस्तों ने न देखी वो दिशा
शीशे में न दिखी परछाई,
आग का जलता जुनून
आवारा धुँआ उड़ान भर गया
नसीब से लापता वो चाह बना,
पहेली का कौनसा जवाब ये
घायल मन में एक रहस्य।

सुकून की सांस पानी
सपनों का तन जोड़ना
जुनून का मंदिर बनाना
प्यार को जगह मिलनी
जीवन का क्या मकसद।

नदी के जल की वो छुवन
हाथ की लकीर क्यों मिटा गयी
सुकून की ऊँची आहट
न सुनी मन के गंभीर माहौल में
आसमान की गहराई से उतरी

कच्ची धूप ने छाया प्रदान की
बस वो हवा सोच बता गयी
सितारों के नादान चमकते सपने
टूटते तारे क्यों मांग गए।

अनदेखा फूल नीचे पड़ा
न महसूस किया मेरे पैर ने कुछ
रचना की ताकत मेहफूस रही
प्यार की महक छिप्प गयी
बादल ने जज़्बात बरसाया
दुआ की वो किरण कहाँ
बेज़ुबान फूल अनदेखा रह गया
क्या था उसके पापों का ऋण।
गीली मिट्टी की मेहक बदली
कणों ने उजाला दफना दिया
पानी ने उसे बांद दिया
उम्मीद की किलकारी अनकही रही
उस फूल का बस साँचा रह गया।

7. किधर

पलकों ने खोले नज़ारे थे
होंठों ने की तारीफ
जो झोंके में समा गयी
साये ने दिखाए कुछ लम्हे काले
लेकिन खोली एहसासों की धारा
ख्यालों ने एक मनमर्ज़ी बाँधी
जिसकी कच्ची रस्सी तारे उठा लायी
ओस की बूंध सजती रही पत्ते पे
जिसकी शाखा ने ले ली ज़िम्मेदारी
धागों ने प्रकृति के संग बाँधा।

तेरे संग देखे वो पल सारे
महसूस की वादियों की गूँज
और बरखा की बूंद
इच्छा उनकी ध्वनि सुनने की
जगी उम्मीदों के साथ धड़कन
दिल की सोच बाहर खड़ी
प्रकृति की पुकार सामने
विश्वास थी पहाड़ों की लकीर
सफ़ेद थी सीमा आनंद की।

नशे की धुसार धुआ फैली
मैल के कणों को उड़ना पड़ा
रात के काले आसमान में समाया
तारों की चमक ने छिप्पा दिया
कोई दर्द फिसला अंदर
नदी के लेहरों में समाया
पत्थरों को मोड़ दे गया वो
और आंसू नदी में तैरते गए।

आवारा कली की वो चाहत
प्यार पाने की अलग उम्मीद
बोला उसने जो पाया था
पंखुड़ियों की एक तलाश
पक्षियों के लिए वो खोज
इंसानों के श्राप से मुक्त थे
असीमित आसमान के गुलाम नहीं।

गीली मिट्टी के कण
चिपके तत्वों के पिंजरे से
धरती के सबसे करीब
इंसानी जात के सबसे करीब क्या
दिशाओं को जानते थे तब
खामोश रास्तों में एक आवाज़ अब।

वक्त की पोशाप में लिपटी
माया इस नगरवासियों की
सुरेख मृगों के पेहचान की
वादियों में छिप्पे धडकनों का उद्येश
खोये लम्हों की ये रफतार।

चलते लम्हे रुके यहाँ
सोच की एक बरखा शुरु
सनाटा था स्वर्ग का रहस्य
अजब ये राज़ की माया।

सीख पंछी छोड़ उडी
फूल की एक रेखा गिरी
मोती भरे डगर में सुरेख।

शोर में कहाँ ये द्रश्य अब?
वातवरण की सीमा कहाँ अब?

बरसात में ढूंढा सुकून।

8. लुक्का-छिप्पी

परिंदों की उड़ान खूबसूरत
कलियों का विकास खूबसूरत
मिट्टी की मेहक खूबसूरत,
सूरत और सीरत का यह नाता
पहेली का उलझा समझौता।

मन की धारा में लिपटी
पहचान के परदे की डोरी
भावुक मन का रहस्य-
प्रार्थना का एक नया कारण
खूबसूरती का खुशी लाना
खुशी का ज़िन्दगी बनाना
प्यार के लिए यह दरवाज़ा।

सुनहरे लम्हों में ये
गहरे यादों में ये
खूबसूरती का मुखौटा क्यों
पहचान पे कलंक क्यों
खोये लम्हों में मैं

गुज़रे यादों में मैं
दुख का भाग मेरा
सुख वो छीन गया।

ज़िन्दगी में गिरने पर उठ जाना
नियत से ज़्यादा सीरत बड़ा
इस खेल में,
सीरत का पर्दा ढका
सूरत का एक चमकता इरादा।

बीतते लम्हे ले डूबेंगे
सूरत के इस जाल को,
सीरत की छिप्पी सलाह को,
नशे में लिपटे ये लोग सारे।

सनक की वो अधूरी चाहत
मन के मैल को जोड़ेगी
समय को न स्वीकारेगी
पलों का अस्तित्व बदलेगी
ये जूनून होगा एक श्राप
ज़िन्दगी की महक रहेगी बरकरार
पर छूने पर चुभेगा कांटा।

सूरत की एक दास्तान
पिंजरे में बंद इसका पानेवाला
न उड़ सकता इसका चाहनेवाला

कड़ों को जोड़ने का न वक्त ये
न कोई मतलब इस दास्तान का
खुद से प्रेम है परिणाम घाव का।

सोच की सीडी चढ़ना
मतलब की डोरी उलझाना
प्यार की पहेली समझना
वो पिंजरा तोड़ उड़ना
वो काटा निकाल उड़ना
दूसरे रास्तों पर नहीं
चाहत की नयी दिशा बनाना।

9. राही

बरसात को कैसे रोकें
पैरों को कैसे थामे
पलकों को कैसे झुकाए
आने या जाने का क्या फायदा?
मेहंदी खुद के नाम की लाल
बदली प्रथा अपनी खुशी वास्ते
ख़ुशी का यह एक रास
खोल के रखे सारे जज़्बात।

अपने ही रंगों में रंगी
किसी के वास्ते नहीं
मंज़िल के लिए नहीं
ख्वाबों को जीने के लिए
पहचान बनाने के लिए
हज़ार पलों के लिए खुद पर नाज़
दो पलों के लिए जीना है
पंखों के बगैर उड़ना है।

हौसले की जब थी ज़रूरत
प्यार की जब थी चाहत

हाथों की जब थी आशा
डर के सिवाय क्या था तोफा
कहाँ था वो पता सलाह का?

मर्ज़ी की अंधरुनि हवा
सासों को रखे खुला- सा
सोच को उड़ने की दिशा
मुझे जीने का आग्रह
मेरे अस्तित्व का एक एहसास।

समाँ का एक सुन्दर मुखौटा
पानी की दिशा को बनाता वो
हवा की आज़ादी छीनता वो
मन को बीच रस्ते छोड़ता
वो खूबसूरती का नकाब मिटा
खुद की असलियत दिखा
हाथों को वायु के संग उड़ाया
पैरों को जल की धारा में बहाया
जीत और आनंद का दिखा नाता।

हवा के सहज से जुडी
पंखों के फड़फड़ाने से दूर
हाथ फैले आसमान में उड़ना
हाथ फैले पानी में बहना
सुकून और आनंद का एहसास।

तारों की चमक रौशनी दे -
काली रात को थोड़ी चमक
नील गगन के श्वेत परदे
श्वेत ध्वजा जगाते रहें
अतरंगी भूमि और यह राही
जीवन की राह खुद जोड़ूँ।

दिल के धड़कन में
मन के द्वार में बंद
तन के त्वचा के नीचे
बर्बादी के पल पीछे
वरदान से आगे के पल
खोज में क्यों लग जाना
खुद को ही पाओगे
ये खुदगर्ज़ी नहीं
प्यार का एक चेहरा ही तो है।

10. यश

आग के गर्माहट में
अफ़सोस के आंसुओं की राख
बंद कमरे के बड़े फैसले
स्वाभिमान का एक पर्दा
प्यार की एक निशानी
इरादों की एक टूटी तस्वीर
धुए का यह गहरा प्रतीक
मेरी सोच की गलती क्या।

सुंदर मंडप के पीछे करतूत –
लालच न थी वह गलती,
घर में कहाँ कारोबार
"पैसों से जिंदगी न खरीदते
पैसों से जिंदगी सुधारते"
एक पल में लिखी तक़दीर
फिर ज़िन्दगी भर अफ़सोस क्यों
उस दिन में न स्वीकारना था –
मेरी किस्मत का जाला,
हाथ के लकीरों का निश्चय।

फैसला करना था मेरा हक़
यह अधिकार कब मैंने खोया
जूनून को खुदगर्ज़ी का नाम
चाहत को अहंगार का नाम
मुझे इनाम अकेलेपन का
आंसुओं में डूब गयी यह ज़िन्दगी।

पास रखा पर्दा अभिमान का,
उस में से बदनामी का मुखोटा कटा
पहनाया मेरे चेहरे के ऊपर
जो न करना, वो करवाया
जो करना था, वो छुड़वाया
सम्मान मात्र एक शब्द था
अपमान का अर्थ मैंने जाना।

प्यार और शादी का क्या तालूक
सारे वचनों का क्या फायदा
भरोसे को तोड़ दिया सामने
जीवन में प्रेम का क्या मायना
अनंत काल से तो नहीं
अनंत काम से ही तजुर्बा।

सब गलती भूला गयी
परिवार के लिए ज़िन्दगी भिछाई
इरादों में पति का नाम
सम्मान में ससुराल का नाम

प्यार में बच्चों का नाम
क्या मेरा महत्त्व उनके लिए।

काम पे जाने के लिए भीक मांगना
खाना बनाने के लिए आदेश उठाना
सोच रखने पर अपमान झेलना
प्यार करने पर सज़ा भुगतना
क्यों सहना ये सब खुद
क्यों गिरके संभालना खुद
प्यार क्यों एक दर्पहा का?
ज़िम्मेदारी क्यों एक दर्फ की?

दोनों हाथों से ही ताली बजती
एक से थपड ही मिलता
क्या कुसूर था एक नादान का
प्यार की तलाश ही थी
परिवार की चाह ही थी
यही थे यश का प्रतीक।

11. उज्ज्वलता

सुकून देता है अँधेरा मुझे
इंसानों से रखता दूरी
दिखाता सिर्फ काली मंज़िल
न प्यार की कोई निशानी
जहाँ मैं और छाया है एक
जहाँ न कोई गूँज कड़वी
जहाँ न मृत फूलों की दुर्गन्ध
जहाँ मैं हूँ तन्हाई के साथ।

बाहरी दुनिया है एक नशा
मलंग रहने का न कोई बहाना
ज़िन्दगी के उलझनों में खोये
मदिरा की तलाश में व्यस्त
खुद का अस्तित्व गवा दिया
अपनों ने गेहरी सीख दी
लोगों से न कोई आशा बची।

सावन से बिखरती बूँदे
काले बादलों के आखरी पल
तूफान की पहली चीख

बरखा जीवन दे जाती
आंधी बनाया उजाडती
अँधेरे में छिपता दुःख गहरा
अँधेरे में रहता क्रोध की आंधी।

अतीत के लम्हों पे रोशनी
आग्रह का मंदिर नष्ट
परिवार के नाम पे कलंग
हात्सा बानी ये दास्तान
ख़ुशी का प्रतीक बना अँधेरा
यादों से दूर भागने का ज़रिया।

मन में संकोश की ध्वनि
धड़कन ने ये छिप्पा दिया
भरोसा करना सीखा दिया
विश्वास की लकीर जोड़ना नहीं
दुःख की सीमा खींचना नहीं
प्यार का धोका जानना नहीं।

जान में बसी थी रोशिनी तब
जीवित इंसानियत की उम्मीद
अतरंगी समाँ दिखती
प्यार की ही चाह थी
मेरा और छाया का न नाता
किलकारियों का मीठा सुर

मेहक प्रकृति के जादू की
जहाँ में थी आवेश के संग।

प्रकाश के पलकों पर थी
सुनी एक चीक दर्दनाक
देखा एक मनुष्य तड़पता
काश न महसूस किया होता यह
न मिला होता बदला प्यार से
न मिली होती नवरात परिवार से
न मिला होता धोका अपनों से
तो ज़िन्दगी जी जाती उज्वलता से।

12. पड़ाव

सनाटे में लिपटा संसार सारा
में बंद इंसान का तन
उछलता बाहर बेचारा मन
सूना दृश्य दरवाज़े के पीछे
जो न नष्ट करते थे समय
सूजी घूमने का इंतज़ार करते
प्राथर्ना में हुए समर्पित
कब होगा अंत इसका।

खाना मिलने का इंतज़ार
गेहूं का दाना पिस्सने का
रोटी का निवाला खाने का
कल वापस से जाना है
लम्बा इंतज़ार बचा है
आदेश मंटा हुआ भूत में।

न दिखे औरत या आदमी
बाज़ारों के भीड़ का उपयोग लेते
न दिखे मज़दूर कोई
भोज सर और सीने में उठाते

न सुनी पर्थकों की आवाज़
जगह को खोजते जाते
दिखा तो सिर्फ तन्हाई
दिखी तो सिर्फ संकट।

पत्थरों पे लकीर बनाना काम
शान्ति से क्रांति का इंतज़ाम
बारिश की ध्वनि थी आराम
अध्यायों को देखना बना
काल का गढ़ा परिचय
आशा की किरण न भुजनि
प्रतियोगिता की जरूरत न।

नदियों का बहना थम गया
साफ़ जल का आयु प्रापत
पशु को नाय नज़ारा
पक्षी को नया जहाँ
न पार दीवारों की सीमा
प्रक्रि को मिला यह वरदान।

बिगड़ते हालातों के तनाव
मौत का था एक तांडव
न युद्ध इसका कारन
न श्राप इसका कारन
न ऐसी सोच आयी कभी।

दुनिया का नक्शा वही
नज़ारा बदलता ही गया
सपनों का वापस उड़न चाहना
नए आग्रहों का जन्म लेना
मज़बूत रिश्तों का धागा
पर न जाना अंगारों पे वापस
सीख की कसम न मिटेगी।

13. संकर्ष

तस्वीर दिखती जो खींचा
आँखों को धोके का स्वाद ज्ञात
मन को इसकी पहचान ज़रूर
दिल यह खा भी लेता है
सच्चाई को छिप्पाना क्यों
पर्दा फटेगा - दुःख फैलेगा।

दूसरों को न दिखता चेहरा
मोहरा स्वरुप रखते तुम
जोड़ने का समय न हाथ में
सोचने की नादानी साथ में
विश्वास न समझ पाता
शक पहचान ही लेता।

जो तुम्हे चाहते
तड़प से क्यों गुज़रते
असलियत पहले जान लेते
मजबूरी के अगन में न जलते
वफादारी प्रतीक आदर का
विश्वास प्रतीक प्यार का।

धोके का चेहरा पहचान लिया
कीमत की गिनती जोड़ रखी
सच बाहर लाना चाहा
कसम से क्यों तुमने बाँदा
डर प्रतीक झूठ का
सज़ा अंजाम पाप का।

दूसरों का नाम जबते
खुदगर्ज़ी का पाठ कब सीखा
छोटी खुशियों के क्षण खोजते
दुःख के घाट में क्यों गिरी
तिनका- तिनका चुराते हुए
चोर के नाम से क्यों डरी
संकर्ष से मुक्ति पाते हुए
संघर्षों को क्यों सामने रखा।

पहचानी थी वो तस्वीर
जोड़े थे सारे कण
खोजा इस नदी का आरम्भ
पीछे बहके आत्म-संघार करती
रस्ते की क्या आवश्यकता
तैरना आता मुझे इसमें।

हर चीज़ की होती सीमा
पार करने पर टूटते आग्रह
उससे जुड़ी चाहत नष्ट
अकेलापन छाने लगता
घटना नज़रिया बदल देती
तुम्हारा महत्व समझा देती।

14. तस्वीर

जीते हुए क्या फायदा
मरने में न हिम्मत
रोज़ देखना तेरा स्वरुप
प्यार का यही अर्थ क्या
जुड़े दिल क्यों तोड़े
थामे हाथ क्यों छोड़े
क्या अर्थ इस चरण का।

पवित्र था यह धागा हमारा
समय की धार ने क्यों काटा
ज़िन्दगी वीरानी क्यों हुई
ख्वाबों को क्यों जुदा किया
प्रेम का यह अर्थ क्यों
किस्मत का लिखा ऐसा क्यों।

हाथों में हाथ रखा
प्रेम की बोली सुनाई
साथ का वादा किया
तन्हाई में सिस्कती

दर्द के एहसास में तड़पती
न कोई भरने मेरे घाव।

रूटी तस्वीरों में देखूँ तुझे
यादों के अगन में जलूँ
नवरात के बीज को पानी मिला
न रहा कोई अपना मेरा
सूनी जगत सुनना चाहती
रंगों का संघटन अलग
इस प्यार की रचना अलग।

सही समझा था वो मोड़
क्यों गलत तुम्हारी सोच
अखियों ने दुआ गिरते देखी
संभालना चाहे हातों की लकीर
काट गए जो बची
दिन का उज्जाला गलन कब बना।

हीर इंतज़ार कर रही थी
राँझा आ ही गया था
कल के इंतज़ार में सोती
कल की ख़ुशी महसूस होती
तक़दीर ने अलग लिखा
सफर था बोहुत छोटा हमारा
काटने की चाह क्यों तुम्हारी

रहने की कोशिस टूटी मेरी
प्यार के बिन न कतटे दिन
रंगों को देख पाती मैं
सफ़ेद को जान पति मैं।

मुस्कान का मकसद बाकी
जीने की वजह बची
ख़ुशी पाने के रास्ते
सपने देखनेवाले नयन
तस्वीर पीछे रख गए।

15. साडी

आँखों में ख़ुशी की झलक
होटों से धन्यवाद की आवाज़
साथ में मेरे नाम की पुकार
"देख, पापा क्या लेकर आये"
उन्हें देखा मैंने आनंद से
उन्होंने उस साडी को गर्व से।

अलमारी के अंदर रखी
उस भीड़ में एक और
सबसे प्यारी बानी वो हरिवली
दरवाज़ा बंद कर दिया
वापस खोलकर देखी वह
पुकार आयी "चाय ला दो"
दो पल बाद वापस आयी माँ
सांज की रौशनी में सुकून।

हरिवली निकली अगले दिन,
साडी का पल्लू ओढ़ा
झुककर सिलवटे जोड़ी
कमर पर हाथ रखके मैं चला,

आँखों में उम्मीद लेते चला
"कैसा लग रहा हूँ मैं?"
पापा के आँखे बड़ी हुई
मेरी आँखे वापस खुल गयी,
सूरज की किरण मेरे ऊपर
देखा माँ को वही साड़ी पहने
"खाना तैयार है, जल्दी आ"

उस पिंजरे को तोड़ उड़नेवाली मैं
उम्मीदों से नहीं ख़ुशी पर खरी उत्तरी
साड़ी के पल्लू में सिक्का बाँधा
वही जो पापा ने गिराया,
हसकर बोली दादी मेरे से-
"घर सँभालने की पगार
या परिवार जोड़े रखने का इनाम"?

मंज़िल पर पैर रखा,
मैंने भी खरीदी हरी साड़ी
खूबसूरती से खुद पहनी
शीशे की न ज़रुरत
सिलवटों को सीधा करती
कमर में हाथ रखकर जाती
साड़ी वापस गयी अलमारी में
इंद्रधनुष की छवि अंदर।

इसी हकीकत की खूबसूरत छवि
पर सूरज की रोशनी पड़ी
आँखों से ख़ुशी गायब
टूट गयी वो कल्पना मेरी
पलकों को झुकके उठा मैं
"खाना तैयार है, जल्दी आ"
पापा के हाथ में चाय
माँ का पल्लू थामा मैंने।

16. समय

आस्मान की ऊंचाई देखते
ज़मीन की गहराई परखते
शाम को वहाँ बैठके सोचते
आँगन में हवा का झोंका।

इंसान जन्में बराबर है
रोते हुए दूसरों को हसाते
इंसान जाते बराबर है
न कुछ करके भी रुला देते।

हर इंसान की गाथा अलग
रिवाज़ों का नज़रिया अलग
राज़ न समझता कोई
सोच में रहती यह ज़िन्दगी।

पठाई, काम और आराम
इसका था यही तरीका
पक्षियों की उड़ान निहारते
कीड़ों का रेंगना निखारते।

समय के कटने का इंतज़ार
यही सोचके बिता देते
ख़ुशी को हर चीज़ में ढूँढ़ते
सुख न मिलना कैसे मुम्किन।

सूरज की रोशनी उजाला भर्ती
चाँद की रोशनी प्रकाश देती
जब एक डूबेगा
दूसरा रोशिनी फैलाएगा।

ज़िन्दगी किसीके ऊपर छोड़ते
ख़ुद के वास्ते न जीते
शाम में आंगन में बैठे सोचते
क्या था उस आयु का अर्थ।

17. नादान पंछी

नन्ही सी नादान जान
छिप्पके भागी रोशनी में
एक दूसरे को मिलने
हस्सी- मज़ाक करने?
या चीज़ों को बेचने?
कभी चप्पल की मार मिली
कभी पँखों को कुचला गया।

छेदवाले बर्तन में खाना
पेट में कम जा पाता
ज़मीन को जो भूख लगती
झुके रखते पलकों को वो
बेबसी का सूत्र, फंदा जो बना
पापों का क़र्ज़ था क्या उनका
आरंभ न हुआ कर्मों का जाप।

विवशता ही दुश्मन उनकी
बाहर पहनते फटे कपड़े
अंदर छिप्पाते नादान सपने

बिखरी ज़िन्दगी में उम्मीद लाते
मलीन सोच फिर से तबाह करती।

नादान ने हाथ आगे कर लिया
सहारे के उम्मीद में
मिले खून के छिलके
बह रहा लाल रक्त
बह गयी उनकी तकदीर।

इंसान जानता सब कुछ
इंसान पहचानता नहीं कुछ
दुःख में दर्द देना न्याय क्या?
आज़ादी दबोचना न्याय क्या?

नन्हीं सी नादान जान
चिप्पके भागी रोशनी में
गुलाब का फूल लेने
घर का खाना खाने
शिक्षा का सूत्र बांधने
मन ही मन प्यार देने।

18. चमक

झील के पास बैठी मैं
गीले घास के ऊपर
पैर काले पानी में डुबाये
पानी की शीत लहर उठी
मछली मलीनता ले डूबी
शांत पानी पे मोती बिखरे।

झील की एक मोती गिरी
एक ओर जा पड़ी
बचपन की ताज़ा यादें -
टूटते तारों से की थी तमन्ना
आँखों को बंद करके
मन में उत्सुकता भरके।

तब इच्छा न पूरी हुई,
तो दूसरी बार भी की कोशिश
रात बीतने का न एहसास
तारों से जुड़ गया रिश्ता
रखवाले दर्द और राज़ के।

तारों की आँखों से
दुनिया का सुरूप नज़ारा
पृथ्वीवालों की आँखों में
मोती अस्मान में दब गए
छोटे सितारे हैं ये मोती
पर आग के गोले हैं ये।

अब डरती हूँ मैं सितारों से
तारों से मांगे थे -
सफलता के कुछ इशारे
खुद केलिए थोड़ी मदद
जीवन में थोड़ा सुकून
अनसुनी रही मेरी मांग
अनदेखी करली वो मांग।

न थी कोई मित्रता हमारी
छोड़के जाते थे मुझको
अँधेरे के साथी है वो
पानी में रोशनी दिखी
मोतियों की चमक मुझ्रा रही।

शायद लौट जाना चाहते वो
उसी अँधेरे के संग
जहाँ उन्हें खारिज न किया

जहाँ उन्हें देखा गया
झील के पास बैठी मैं
गीले घास के ऊपर
शांत पानी में सुकून छाया।

19. शैली

थरथराती किस्मत मेरी
सुकून की खुशहाली से
दुःख के खेप में तब्दील
सुख की हवेली का कतरन
नसीब का घर दे गया
ज़िद की थोड़ी गुंजाइश
अफ़सोस की ताली दबाती।

अतृप्त होता यह काम
घर के दर्शन रुकवा देता
उत्कंठा की दीवार खड़ी
खर्च की जा रही थी क्षमता,
मोल के अतिरिक्त।

न बाँधा इस पेट को
खुद भरना उचित लगा
इसकी आवाज़ कौन सुनेगा
शहर की दहाड़ में
जो भूख खाके ही गुज़रेगी।

आगे के पथ से अनजान
गुमनाम ये आगाज़
अब इसके मोड़ से पहचान,
गलती यह इंसान करता
अपनों के दरमियान,
छुरी से पैर कट गया
ज़ख़्मी चलता रहा।

दुनिया की चौखट पार
आज़ादी के चार दीवारों में
किलकारी की गूँज कभी
दुःख महसूस कभी
आनंद ले रहे थे वे
मेरे परेशानी छिप्पाने की मंज़िल -
दूरदर्शन की वो पेटी।

खींची कुर्सियों की आवाज़
कानों में एक चुबन
खाने की महक माफ़ करती
बातों में लुप्त
छोटे घरों में खूबसूरती
प्यार का यह ठिकाना
अंजाम का यह जरिया।

शरीर यह तत्वों का ज़रूर
मांस और हड्डी से बुना
मांस जो चील सकता है
हड्डी जो टूट सकती है
मैं हूँ या नहीं हूँ
जुनून मांगे जवाब।

20. तार

आँखों ने न पहचाना
पलकों ने झुकना न चाहा
धड़कन का शोर बढ़ा
अंदर का आनंद झलका
न मालूम अर्थ इसका
मासूमियत या प्रेम का तर्क
महसूस किया जिसे न छोड़ना।

कैद यादों के पिंजरे में
उड़ रहे फूँक से
पंखुड़ी उस गुलाब की
सुगंध फैली सृष्टि में
मुग्ध होके मैं रही।

दिल के अस्तित्व का आरम्भ
उन वचनों की रस्सी से
निर्मित पंखुड़ी का झूला
इश्क़ के लाल रंग में मैं लिप्त
अटूट और सुन्दर ये जोड़ा।

झूलते हुए न उड़ पायेंगे
कच्ची रस्सी चुभ जाएगी
लाल रंग हाथों पर
दिल से मन की दिशा उभरी
चाहत ने प्यार को धँसा।

दिल की धड़कन का शोर
मन की तन्हाई में आहाट
प्यार का गुलाब
काँटों पे चुभता फट रहा
उसकी खुशबू में पाया
मोह नामक ज़हर का मिलाव।

मुश्किल ये स्वीकारना
उस गुलाब का अस्तित्व लौटना
उस गुलाब के उद्यान से
पंखों में धूप समाये
तितली बनकर उड़ना।

जज़्बातों को त्याग दिया
ज़ंजीर लगाके कैद किया
घाव ने दिखाया एक तार
मन की गहराई में बँधा
दिल के नस में अंत जिसका।

21. सुर्ख

माँ की गोदी पे सर मेरा
हाथों में आँचल उनका
आँखों में ओस छिपे
खुशी के वाक्य उतरे
"घर की याद आएगी"।

सबेरा होनेवाला
गाड़ियों की भीड़ से बचकर
सड़क वाले नल से पानी भरा
मटके को लेकर अंदर आयी
दीवार पर कल के हाथों के लाल निशान।

सन 93 की बात
मेरे काम करने के दरम्यान
वे अखबार ऊँचा पढ़ने लगे
उनके चेहरे पर भूख का चिह्न
रसोई में खाना परोसने लगी
काम की तलाश में वे गए।

खुद केलिए खाना परोसा
सुराग का अन्वेषण अखबार में
न था माँ का कोई पता
अफ़सोस में निढाल बैठी
आँखों से आँसू निकले
क्या हूँ मैं उनके बिन।

उस निशान को देखते रही
उसके ऊपर लाल हाथ लगाए
सुर्ख की गहराई उभरी
सुर्ख वो निशानी गलत का
सुर्ख वो निशानी गुस्से की।

सबेरा होनेवाला
गाड़ियों के बीच में से चली
सड़क वाले नल से पानी भरने
पीछे की ओर मुड़ गयी
गाड़ी आसमान में आग के ज़रिये
धमाके में राख बन गयी
बचे तो कुछ काले थप्पे
और एक गर्माहाट का एहसास।

नीचे देखा तो वही काले थप्पे
सुर्ख अब काला बन गया

माँ की गोदी पे सर मेरा
हाथों में आँचल उनका
आँखों में ओस छिपे
खुशी के वाक्य उतरे
"घर की याद आएगी"।

22. दिवाला

डर का रिक्त स्वाभाव -
आँखों में अंधेरा
गुम गलियों में
मन के अस्पष्ट विचार,
चिंतित प्राणी का भय
नींद में चेतना उभारते
आरज़ू थी वो गुमनाम तस्कर
विशाल वृक्ष के मोतियों का
अभाग,
न सायानी वो
न सह पायी उमीदों का बोज
फिसली ऊंचाई से वो आरज़ू
लावरा पत्ते भी गिरे
पेड़ से जुदा हो पड़े
ख्वाइशों के कब्र पे
न क्षमता उड़ने की
चिपके बदनसीबी से वे।
उस वक्त में,
अँधेरा गौर किया होता

धुंदली रोशनी तो दिखती
उस समय में,
शरीर को आवरण मृदा से
दिवाले से न,
पहले कदम का संकेत यह।

23. निराकार

निष्कर्ष ज़िंदगी के आलय में
जब डूबने से उभरने की सीख
पैरों को कष्टपद से बांधती
तब दुःख की न,
पहचान सुख की होती।
ज़रुरत से चाह की उभरन
पतियाने के कश्ती को चलाती
जब आग्रह से अत्याग्रह की
परिमित सीमा टूट जाती
तो निरंतर चाह के सागर में
खुद को डूबा चलती।
जब सत्कार और तृष्णा के आगोश को
अपनों के मस्तिष्क से मिसरा कर
अनुष्ठान का प्रदर्शन करते
तब भय के नीरव संसार में
खोने के आशंका कारण
प्रकोप से तांडव उभरता है।
आकांशा के बाज़ारों में
रिश्तों की बाज़ी दाव पे होती

और
सवालों की अनुश्चित संख्या
उत्तर की गति घटा देती
तिरस्कार की रफ़्तार बढ़ा चलती।

ललक को मुरझा देता
कपट को बांधे रखता
अस्पष्ट आकर का यह आलय।

24. खिड़की

दरार भरे आशियाने में
दीवारों के निष्ठुर व्यवहार
अकेलेपन के शिखर पर
दरार की न तलाश
सुख के कम दायरे रहे
दिमाग के धूमिल विचार
छिछले सोच में दब गए
दरख्वास्तों के मध्य कट गए
ख्वाबों की न सहमत बानी
तक़दीर के इरादे से।

सफ़ेद दीवारों पर
प्रगाठ उपयोग के आकर
निन्द्य दखलंदाज़ी के दरार
जीवन के लम्हों को कैद करते
हालातों को बिगड़े रखते।

रोशनी से एक दरख्वास्त
उमीदों की अमर पूंजी का वरदान
इस आशियाने के अतिरिक्त
भारी समाज बिखरा है
खिड़की खोलने की आवश्यकता।

25. शेष

बंद आँखों को दिखाया
उन्मुक्त सपनों की दुकान
पलकों के खुलने पर तिरोहित
बिछड़ गया वो पुराना साथी
लापता वो मनगढ़न्त किरदार।

सवेरे के सूरज के दर्शन
एक नन्ही जान के संग
देखा उसे पहली बार
मुस्कान की पड़ी श्रृंखला और
दोस्ती के आरम्भ की किलकारी।

चलते चलते,
सालों का बीतना न रुका
मेरी उससे दूरी भी शुरू
न सवालों के उत्तर मिले
बस कोई अनसुने वाक्य1
खुद का संसार बनाया उसने
न खाली जगह मेरे वास्ते।

न शेष अब कोई उम्मीद उससे
पैरों से मिटाई वो सीमा मैंने
पंखों से लांघी वो मित्रता उसने
नष्ट थी वो हलकी उत्सुकता
परिपक्वता का लाभ जो प्राप्त।

मासूमियत का गुब्बारा छोड़ा
हवा में दिख रहा था
उसकी बिना गंतव्य की उड़ान
मेरा जाना बना जरूरी
उस गुब्बारे की तलाश में।

26. नाम

रिश्तों की अहमियत ढूँढते
नींव की परछाई गायब
एक को खुश करने का प्रयास
दूसरे को कष्ट में डाला
नीयतों से भेंट होते होते
एहसानों की विराटता ज्ञात।

जब अपनों से जरूरी
दूसरों की वाणी लगती है
तब जोड़-तोड़ का चेहरा
बहकी लव्ज़ों से उतरकर
मन की अस्तिरता का
स्थापन कर जाता
जो नाश की सीडी पर खड़ा है।

मुझे परी बुलाते कुछ
शैतान भी बुलाते कोई
निर्मित पहचान की पीड़ा

निराधार में मूल खोजती
अनसुने में कहा ढूँढती
मन में से तृप्ति छीनती।

जब स्वीकार का अर्थ
मजबूरी में बदल जाता
विश्वास का ख़ज़ाना
सब में बट जाता
मिटने का डर पक्का होता
तब जोड़-तोड़ का चेहरा
हसी का मुखौटा रख
भाग जाता।

27. कथा

वो कहानियों की श्रृंखला
मन को न तृप्ति देती
ज़्यादा सुनने का आग्रह उत्पन
खुले आंगन में
चाँद को निहारते हुए
"बस, एक और। "

कहानियों का पिटारा उनके पास
एक- एक कथा का अंत
ख्यालों को जन्म देता
ख़ुशी की झलक छोड़ता
इनका एक- एक चरण भी
यादों में बंद रहता।

अनदेखे पूर्वजों की गाथाएं
माँ ने सुनाई यह सारी
और उनकी माँ ने उन्हें
और ऐसे चलता आया

एक सरल मार्ग यह
पेड़ के डालियों को
जुड़े रखना जड़ों से।

यादों की बारात की शुरुआत
इन असली- ख़याली कथाओं से आरम्भ
जो उस समय में,
निर्णयों को आकर देती,
समाजों का दर्पण बनती,
उत्सुकता का निर्माण करती
और अब,
बचपन से जोड़े रखती।

28. माँ

मेरे नसों से बहते रक्त में
उनका अंश है छिप्पा
मेरे मन के ख्यालों का ज्ञान
बिन बोले जानती है
मेरे दिल के कोई अरमान
बस, चेहरे से पढ़ती है
ऐसी है मेरी माँ।

जब सूरज का तेज़ प्रकाश
जलन का एहसास दिलाता
तब यही एक इंसान जो
ममता की छाया प्रदान करती
एक ऐसी छाया,
जो ढील के सत्व भिगोती मुझमे
ऐसी है मेरी माँ।

जब मेरे भविष्य का दृश्य
उनके सपनों का आकर बनता
तब उनकी मुस्कान की झलक
यह पूर्ण करने की आग लगाती

मेरे सपनों को स्वीकार करती
और उनका यह लक्ष्य बनता
ऐसी है मेरी माँ।

मेरे जन्म के साथ
उस ममता का जन्म हुआ
जो गहराई की सीमा पार चली
मैं बंद उम्र की कैद में
मेरी एक छोटी चोट का दर्द
उनको ज़्यादा चुबता
ऐसी है उनकी ममता।

ममता का सुगंध अनजाने फैलाती
एक फूल भांति माँ
कोमलता और खरोज के दरमियान
सुख और संघर्ष के दरमियान
दृढ़ खड़ा रहना मालूम इन्हे
काटों की चुंबन का सेहन इन्हे
पर उन्हें तोड़ने की क्षमता रखती
ऐसी है मेरी माँ।

29. दबाव

शुष्क सुवर्ण पत्रों के
काले अक्षरों की बोल
जो आगे की दिशा दिखलाती
न्याय का दरवाज़ा खटखटाती
उछले सोचों को ठिकाने लगाती
परन्तु, जब ऐसे पत्रों पर
प्रश्नों के तीर पड़ते
तब रक्त की निश्चित धारा
पन्नों को भीगा ही डालती
अक्षरों पर लाल धब्बा छोड़ती
और आँखों से पट्टी हटाती।

अनुशासन के बिखरे पन्ने
प्रक्रियों का मोड़ रचते
विचारों को सीमा से बांधते
और भावना की लहर निर्मित करते
उनपर प्रगति का दबाव
गुलामी का रोक बनता
जो संवेदना का रूप मोड़ता,
जब सहारे की रस्सी

साथ से जाकर
गले को विवशता से बांधती
घुटन और पीड़ा दिलाती
तो इसका तिरस्कार करना उचित
अस्तित्व की रक्षा उचित।

पारित समय की गलत सोच
सहानुभूति का तिरस्कार कर
जो झूठे गर्व पे
पारभासी वरदान का कार्य करे,
तो,
उस गर्व का मिटना
दबाव का असर है
क्रांति का विजय है
निःशब्द गलामी का अंत है
तथा स्वतंत्रता का संवेदन है।

30. लापता

मैंने उस देहलीज़ को तोडा
गलती की शंका लेकर
उन रंगों को उड़ना जो था
सपनों को न शेष रखना था,
ख्यालों की मैल समित बातों का
तिरस्कार करना उचित लगा
मासूम कलियों का
सहारा- साहस बढ़ाना जो था
मन्त्रों के घेरे में उनका भविष्य रखा।

न मालूम कब और कैसे
दुआ ने उलटी उड़ान भरी
बिखरे मोहरों को न संभालना
उछाले सोचों की कड़वाहट से
लापता उन मन्त्रों का असर
लापता उन सपनों की चाबी
जो गलत का रूप मोड़ सकती;
मदद से इंतकाम का अंजाम

"हमारी खुशी छीनने वाला चोर"
वाक्यों का विरोधित पहलु से
मेरे ऊपर आक्रमण का इनाम।

बचे हुए दो बेजान रंग -
सफ़ेद से वो जुड़ गए
काले को मेरा नाम मिल गया
लापता दोनों के अस्तित्व।

31. आज़ाद

उम्र की सीढ़ी चढ़ते
अनुभवों का संग्रह आरम्भ
लक्ष्यों का चयन करते
उड़ान करने के लिए
असीमित आकाश का नाप करते
जब स्वयं स परिचय होता
तो सपनों का मोड़ बदलकर
सचाई का स्वीकार करते
कभी तो इस रस्ते पर कुचले
कभी यहीं संभलते चले।

आलम का यही निर्देशन
बिखरे पहल को एकत्रित कर
सवालों के क्षेत्र घटा कर
उम्मीद की किरण खुद जागते
वही इंसान आज़ाद कहलाता
भय के संसार से।

32. न्याय

अन्याय की मंज़िल ख़त्म
मेरे नाम के संग
गिरने पर मजबूर किया
उठने की कहाँ ताकत
सपनों की पहचान ख़त्म
खुद की पहचान क्यों लापता।

आचारों के मध्य पड़ा
मेरे नाम का जाप
ब्रष्ट लोगों से जुड़ गयी
मेरे मान की तड़प
तिनकों का मृतक आवेश
पूर्ण जीवन को नष्ट करता।

साँसों का ही प्रमाण बचा
सिमटी रही विश्वास के बूँद
सपनों की धरा क्यों ख़त्म
धूल की नदी में डूबती
जीवन की कश्ती मेरी
कागज़ जिसका आकर बना

संघर्ष के तरस से पीड़ित
इस मर्त जन्तु की लड़ाई
जो पीड़ा रूपित सुख का भाग
संसार से लड़कर प्राप्त कर रहा
जो आसूँ का निर्माण
लड़ाई के खातिर रोक लेता
जो दुःख के चादर में सोता
करवटों से धैर्य प्रदर्शित करता
जिसे न समझ सुबह और साँझ का
पता सिर्फ अँधेरे का
जिसके काल की गलती
आज का जीवन निचोड़ रही
जो युद्ध का ऐलान करता
परन्तु अकेले लड़ने जाता।

किसीकी गलती का निशान
मेरे जीवन में कलंग बना
इस पीड़ा का न मरहम कोई
कोसता न उस इंसान को
जो सुकून की नींद सो रहा
जताता हूँ उस इंसान को
मोल एक जिंदगी का।